DOMAINE FRANÇAIS

Editeur : Bertrand Py

LIVRET DE FAMILLE

"Autobus impérial" a initialement paru
dans *Traversée de la France*
aux éditions Le Serpent à plumes,
en septembre 2001.

© ACTES SUD, 2004
ISBN 2-7427-4806-7

Photographie de couverture :
© Polo Garat / collectif Odessa, 2004

MAGYD CHERFI

LIVRET DE FAMILLE

récits

ACTES SUD

ÉCRIRE

Je n'ai pas voulu écrire pour convaincre. Lassé d'articuler le bon verbe à sa place, lassé de tout polir pour intégrer les murs, de tout enguirlander pour être près du feu. J'ai pas voulu finir comme un arbre aux cent boules près de la cheminée, déraciné des sols. J'ai pas voulu prouver ou démontrer, usé des mots, asséché de la bouche. J'ai pas voulu répéter ce que je suis et qui n'est pas ce qui paraît. J'ai juste eu besoin de tremper mes larmes dans l'acide à cause de tout ce qui manque à mon bonheur. Le compte n'y est pas.

Alors j'écris comme on se venge, alors j'écris comme on se tient le sexe ou comme un amoureux, alors j'écris comme on part à l'usine ou comme on n'y va plus. Quitte à porter un fardeau, autant en pleurer toute l'eau du possible ou retourner l'arme contre son bourreau. La douleur ainsi faite colère vous soulage de jamais rien voir venir. De jamais voir les choses et les gens se déshabiller. A deux, à cent, n'être plus qu'un. Même si cette colère vous éloigne un peu plus de ceux qui vous entourent, des meilleurs des amis... c'est le prix à payer... être écarté de tout, de tous.

Je m'élance dans un grand élan dans le vide, à pas savoir si l'atterrissage se fera dans l'eau ou dans la roche, j'écris comme on se jette. Je me jette et j'attends... La liberté, l'égalité, que sais-je ?

En attendant... *go, do*.

CONTE DES NOMS D'OISEAUX

En ce temps-là, nous vivions groupés comme les zèbres au bord de l'eau. La mare, c'était notre cité. Nous ne la quittions que très peu, par peur des tigres blancs ou de mourir de soif. Tout près de nous, des éléphants, des gnous, et partout des moustiques. On se croisait par troupeaux.

Enfin, tout ce qui a quatre pattes marchait en bandes ou n'était que nuée dans le ciel. Donc j'habitais la cité... la cité, que dis-je, un zoo. En tout cas, à cette époque, ça en était un. Personne ne s'y trompait. Nous-mêmes, à la naissance, on se donnait des noms d'oiseaux... mais pas de ces animaux domestiques qu'on met en cage et qui sont jolis, non ! Des animaux comme on en veut pas chez soi, autant dire une Arlésienne de reptiles. La laideur était nous, la honte aussi.

Car, pour y être bien dans la cité, fallait beugler, être moche, boiter, suer du cul très tôt, avoir les dents cassées... devant, derrière on s'en fout, encore que si ta bouche était un cimetière t'étais bien noté.

Faut avouer, dans nos petites têtes de mongols, fiers, on l'était pas tant que ça. Tellement peu que, pour nous apaiser, tous les plus jolis mots d'amour et tous les gestes auraient pas suffi pour nous consoler. Nous, c'était… à peine nés, laids. On naissait laids.

On naissait bronzés. Quand t'es bronzé, ben le soleil, tu l'aimes pas… t'as envie qu'il fasse nuit tout le temps. Nous, le soleil, encore aujourd'hui, on a envie d'y envoyer des seaux d'eau dans la gueule et d'y dire "Bon ! T'arrêtes !"

Le soleil ! Salaud ! Tu pouvais pas répartir ta cagne un peu partout ! On pouvait pas, nous, être blonds, blancs, chrétiens… je veux dire debout ?

C'était une époque où on préférait s'appeler singe que Mohamed. On se sentait moins que le meilleur ami de l'homme.

C'est simple, nous avions un surnom, et le même pour tous : "mange-merde". Plutôt un gros mot que nos propres prénoms. Nés pour perdre, être moqués, s'en faire une arme et haïr le monde entier. La honte nous avait courbés, et ces maudits noms de famille qui le faisaient pas…

— Comment tu t'appelles ?

Et fallait un stylo pour déchiffrer l'immonde hiéroglyphe.
— D'où tu viens ?
Et on montrait du doigt un vague horizon. Tout n'allait pas.

C'était une époque où la nationalité faisait le métier : si t'étais algérien, c'est que t'étais maçon ; portugais, c'était le plâtre ; marocain, t'étais aux fraises ; polonais, au charbon... Dans tous les cas de figure, t'avais mal au dos. On est devenus fous.

Nos papas, c'est pas tant qu'ils étaient fondamentalistes ! Non, ils étaient plutôt à fond dans menthe à l'eau, et la menthe à l'eau c'était chez nous, heu... ça d'eau et... ça de menthe.

Mon père s'agenouillait cinq fois par jour
Moi je rêvais qu'il se dise "Il est trop sourd !"
Je rêvais qu'il envoie le tapis par la fenêtre
Mais c'est ma prière à moi qu'est pas rentrée
  dans son être
Les dieux empêchaient la cicatrice
On leur a fait un caprice.

Nos parents priaient un dieu qui les sortait pas de la misère. Ils nous aboyaient pour qu'on apprenne un dialecte d'ailleurs, eux-mêmes baragouinaient des idiomes aux *r* roulés, qu'on se cachait sous l'eau. On entravait tchi. Carrtantiti carrtantiti, soucrriti soussial...

Pas bien, on était pauvres jusque dans les mots, on se mordait tellement on se comprenait pas nous-mêmes. Nos mères s'étonnaient de rencontrer des Français plus pauvres qu'elles. Ça devait pas aller ensemble, être français et très pauvres en même temps.

Maman tentait contre vents et marées de me désanimaliser. Et, comme un perroquet, après elle je répétais : "Je suis français, je suis français, je suis… ouf !"

Donc, je suis devenu sage comme une image
Je lisais Maupassant
Mes potes eux faisaient les poches aux passants

Ils étaient à la quête évidemment du flouze
Et m'avaient prénommé Tarlouze
Car c'est avec des poèmes que je remplissais
*   mon caddie…*
Ils m'ont gardé auprès d'eux ceci dit

J'étais conneau mais romantique
A la place des chats
Je disséquais des marguerites
Des roses blanches des coquelicots
J'étais pourtant né sans la cerise et sans gâteau
Mais voilà j'étais prêt et sur le quai comme un
*   bateau*
J'attendais qu'une fille vienne me dire "On y go ?"

J'étais de la rue mais surtout à la rue
Pas à ma place
Comme le tatouage qu'un bout de coton efface
Oh putain ! j'étais que du fond de teint
Je me regardais dans des glaces sans tain

*Et j'oubliais qu'à trop avoir la dalle
On mange tout, on a l'appétit pour que dalle*

*Je dénonçais l'arnaque au deuxième degré
J'étais le bâtard qui se prenait pour un pedigree
Oui avec un hameçon à mouche je pêchais le
     requin
J'étais tout noir je me prenais pour un rouquin*

*J'écrivais ma colère comme on donne des balles
Au chasseur. J'oubliais que j'étais l'animal*

*Quand j'étais poisson je voulais des ailes
Quand je volais je rêvais d'eau…*

*Juste le temps de me rendre compte
Que le cauchemar était pour notre compte
Même avec un ticket
C'est devant les mêmes portes qu'on était tous
     triqués
C'est quand t'es pas riche
Que t'entends "A la niche !"*

*Moi au lieu de regarder mon pif
Je me gaussais des imparfaits du subjonctif
Tous ces prénoms j'oubliais
Qu'ils étaient pas dans le calendrier*

*Les copains pas masos
Ne quittaient pas le zoo*

Oui, dans le zoo, si t'étais moche on t'appelait "tête de cul". Si t'étais boiteux, on t'appelait "boiteux", si t'étais vilain on t'appelait "vilain". Si t'étais beau on t'appelait "pédale".

Allons plus loin, si tu lisais des livres sans images, si t'étais fan des films de Claude Sautet ou que t'aies du respect par exemple pour les animaux domestiques… pire, si t'aimais pas les films de Bruce Lee… là c'était Sodomie. Moi, dans le zoo, j'ai longtemps marché les deux mains dans le dos.

On avait pourtant pas d'ailes dans le dos
T'es né ton nom sera pas un cadeau
On avait honte jusqu'à la lie
C'est qu'on s'appelait pas Zidane ou Boli

Pour étrennes t'auras un surnom
Grosses lèvres on t'appellera le Gibbon
Ça chambrait comme chez Cyrano
Il était peut-être manouche minot ?

Ça tirait jusque sous la douche
Des tirs de bazooka dans la bouche

La solution ? Ou tu tapes ou tu t'échappes
Ou tu pousses ou tu tombes dans la trappe
Ou c'est toi qu'as le mot qui tue
Ou tu vas vivre avec les tortues

A la place du nez, Kader avait une espèce de cucurbitacée
Qu'il eût fallu une brouette pour le déplacer
Il était pauvre et, par-dessus le marché, des boutons
Venaient fleurir en bout il était comme un thon
Qui se promène en ayant gardé l'hameçon
J'sais pas si vous voyez l'engin…

Si t'es timide il faut que tu t'enterres
Si t'attaques ton nez devient un caractère.

On était tellement pas bien dans nos chaussures
Qu'on aurait mis à l'intérieur nos vilaines figures
Moches à déplaire même à la fée Carabosse...
Nous c'est à l'intérieur qu'on avait des bosses

On était moches surtout on avait honte
Pour se consoler on soulevait de la fonte
A la salle de gym... des sentiments
Tu fais des muscles... compliment
Etre moins cons mais comment
Si tu me fais des compliments c'est que tu mens

Oui tellement cassés dedans comme dehors
Qu'on entendait "Rentre !" quand on nous disait "Sors !"
Tellement mal
Qu'on enviait le monde animal

On était bas les pattes
On croyait être debout quand on marchait à quatre pattes...

Ali mangeait des madeleines à même le plastique
On l'appelait Groquik
J'insiste la colère un peu la haine
Moi j'étais un peu gros on m'appelait Baleine

C'était tout qui n'allait pas dans nos cervelles de moineaux
Le nom, la famille, les yeux, la couleur de la peau

*La vilenie nous allait comme un gant
On a fini brigands*

*Bon avec des noms de toutes sortes
Qui te suivaient jusqu'à la porte
Je t'appelle pas je te tue ! Voilà le vocabulaire
Et t'étais mort avant d'être tombé par terre*

*Continuons l'introspection…
Proéminence nasale on t'appelait Gros Nez
Mauvaise haleine et ton surnom c'est Cabinet
Approche un peu ta bouche j'ai des besoins à
    faire
Si tu ripostes je prends ta mère et t'as un petit
    frère*

*Pas de nom de code et déjà gamin
On était sûrs qu'on était rien
Et nom d'un chien c'est dans le genre animalier
Qu'on appelait son voisin de palier*

*Ouoh ! Ouoh ! C'est le cri de Tarzan
Si t'es français on t'appelle paysan
C'est les manouches qui ont décrété ça
Et les Jean-Claude se faisaient appeler Moussa*

*Ah ! Les manouches c'étaient les plus forts
A l'insulte y raflaient la médaille d'or
Nous on se contentait de l'argent ou du bronze
Fallait pas les contrarier les gonzes
Sinon un monticule vert et baveux
Atterrissait dans tes yeux*

*En secret dans nos petites têtes à claques
On rêvait sans le dire de s'appeler Pierre ou
    Jacques*

On était pas dans le moule
Et sous la pomme d'Adam on avait pas deux
*   mais quatre boules*

C'était le zoo et dans cet étrange jardin
On disait pas bonjour en se serrant la main
Et gare à celui qu'a les oreilles décollées
On a dû déchirer ta mère quand t'es né
Les spécialistes étaient souvent de mèche...
T'es moche et tu joues au foot on t'appelle Rubesh

Mais la race animale qui avait le pompon
Vous l'avez deviné c'était le mouton

A cette époque dans le zoo y avait des filles... Déjà, pour les approcher, fallait être un peu fou, un peu en état d'urgence, tout ça à cause de leur frangin, de leur cousin, de leur voisin, de leur copain et de tous ceux qui se mêlaient de c'qui les regardait pas, c'est-à-dire tous.

Donc on était qu'entre nous et on se payait le luxe de pas vouloir être pédé. Moi, je dis fallait le faire. Enfin bref, dans le zoo qu'on habitait, quand tu disais "j'suis amoureux" ça voulait dire que t'étais seul. Quand t'aimais une fille ça voulait surtout dire qu'une fille te détestait. Oui, oui !

Ah, les filles de ma cité, elles nous regardaient, elles faisaient "bêêê !" (écœurées). On était juste bons à tondre. C'est que, des cheveux, on en a jamais eu, nous. Des barbelés, du grillage, de la paille peut-être, mais des cheveux, non. Tellement sous pression, on pleurait du lait. Elles, dix ans, et déjà beaucoup trop grandes.

Elles avaient beau avoir le cœur comme l'acier
Pour nous c'était un gâteau pâtissier
Qu'on aurait croqué mais à l'âge idiot
On se soucie pas des noyaux

On avait mal elles auraient pu êtr un vaccin
Pour nos petites têtes d'assassins
Mais on serait morts plutôt que de lâcher
Les copains avec qui on était attachés

Oui mourir plutôt que de lâcher des larmes
Pour moi vint la sonnette d'alarme
J'suis parti...
J'suis parti j'ai défait mes chaînes, j'ai perdu
 mes amis. Aujourd'hui
Pour pas qu'on appelle mon fils par un nom
 d'oiseau
Je vais moi-même le chercher sous le préau.

WESTERN AFRICAIN

J'ai fait un sacré voyage, là-bas où Dieu n'existe plus. Ils m'ont dit : "On dirait qu'il ne veut plus de nous. Il ne veut plus de nous, on est nus, mats et chauds. Il ne veut plus de nous, et c'est depuis qu'on ne fait plus la course. Nous, c'est la nonchalance, on sourit de mourir."

Ils m'ont dit : "Dieu n'est pas noir, même la neige est blanche."

Si on est le soleil c'est la cagne, si on est la pluie c'est le déluge. Si on rit c'est de trop gros éclats, quand on pleure on se déchire. On fait pas ses affaires on fait les nôtres. On est lourds, ici le temps ne passe pas, il reste comme un frère jumeau qui ne cesse de te ressembler aussi loin que tu veuilles fuir.

Dieu ne veut plus de nous, il en a préféré d'autres, c'est moins galère ; puis Dieu n'a pas de temps à perdre, on est si lents. On est l'échec, on est l'Afrique, le zéro sur un tableau… noir. On est le mal, on est le coût, on est le nombre.

On est la migraine et l'impossible équation. Chez nous, c'est l'arme qui est blanche, on est noirs. On est la dette, on est les bras. On est la barbarie, la barbe, la fatwa. On est le turban, la plume, la chéchia, le sombrero.

On est la fête des Morts, on est pas l'homme, on est son ombre à faire tout pareil... nous n'avons pas notre place... On s'y fait !

A CHEVAL

Moi, je vivais à cheval. Je me rappelle, enfant, quand j'ai vu l'Indien, j'ai rêvé d'en être un. Il avait des plumes, il avait un arc et des flèches. Il chassait le bison. Quand j'ai vu l'amazone, j'ai rêvé d'être une femme. Elle était belle, elle avait les cheveux longs et, à sa taille, un long couteau. Quand j'ai vu le cow-boy, j'ai voulu son chapeau et sa paire de tiagues. Quand j'ai vu Zorro, j'ai voulu sa cape et son épée. Et puis Ivanhoé, j'ai adoré ce temps qu'on dit le Moyen Age, comme si aujourd'hui... Lawrence d'Arabie, on aurait dit un ange tout de blanc vêtu. Même sur un chameau il était à cheval, à aimer tous les hommes. Je revois mon grand-père sur un tout petit âne, et je voulais sa place mais il ne tombait pas. Il était à cheval et cherchait son bonheur. Tous mes héros étaient à cheval. On est tous à cheval, même sans en avoir. On l'est tous, à cheval, entre la terre et l'eau, le rire et la fontaine, à n'être que des hommes. Et les uns et les autres à la fois prédateurs et à la fois des proies. On est tous à cheval, à regarder le ciel ou tomber dans un trou. On est tous à cheval, pour aller de l'avant ou regarder derrière. On est tous à cheval. Ceux qui ne le sont pas sont sûrs de pas mourir, ils ont vu l'animal. Et c'est depuis qu'on a perdu l'équilibre. Moi j'suis tombé par terre.

Grand-père, montre-moi l'équilibre !

LETTRES AFGHANES

Mais qui sont ces fous qui vous regardent en semblant dire "on t'a à l'œil"? Ces fous de Dieu, ma parole, n'ont pas d'yeux, ils se rincent quoi dans la rue? Mais de quoi se régalent leurs pupilles quand la chair s'efface au chiffon? Qui sont ces fous qui vous obligent à tous les coups à porter, même quand il fait chaud... cagoules et manteaux? Déjà, ils ont tombé les chefs-d'œuvre de pierre, ils sont donc des cailloux!

Mais où vont-ils à vous dire "pas un geste et pas un pas". Mais dans quoi est-ce qu'ils marchent? N'ont-ils donc jamais eu du sable sur les cheveux, et du sel sur la peau, le long des bras et jusqu'en bas? Qu'est-ce qu'ils achètent et qu'est-ce qu'ils vendent qui soit même de la pire humanité?... du vent de l'au-delà. Qu'est-ce qu'ils mangent, qu'est-ce qu'ils ont dans le ventre à dire "allez rentre"? Qui sont ces gens qui font des gestes avec les doigts? qui te disent "rentre chez toi"? Qui sont ces têtes

barbelées qui vous empêchent chaque fois d'être qu'un fil de soie ? Ou de rien mettre autour de soi. Qui sont-ils donc, à qui il tarde de voir là-haut si tous les anges sont couverts du haut jusqu'en bas ? Je le demande, ont-ils un jour vu l'océan ? Un bout de plage, faudrait qu'ils fassent un saut dedans. Oui, tous ces chevelus, les jeter dans l'écume et les entendre dire :
— Déshabillons-nous !

LE FOOT A DROITE

Le football est-il de droite ? Ou plutôt, existe-t-il un footballeur de gauche ? Franchement, je me pose la question. Est-ce qu'il arrive à un footballeur de ne pas aller au plus offrant ? Est-ce qu'il peut émettre une priorité autre que celle du fric ? J'sais pas moi… se contenter d'être multimillionnaire plutôt qu'archimillionnaire.

Sans chercher un pote à Besancenot, est-ce qu'un bout de conscience de classe les habite ou suis-je complètement stupide de penser qu'un riche soit fier de payer un max d'impôts comme une obole à la valeur "République" ?
Oui, oui, je suis stupide ! Un riche ne prête qu'à plus riche, point barre.

Qui a dit que la France était métisse ? Dans un rêve socialiste, peut-être. La France, elle est métisse en rien. Demandez donc à un quelconque quidam de couleur s'il se sent chez lui dans cet hexagone. *Idem* dans l'équipe de France. Dans ce *team* tricolore, il n'y a pas plus de Beurs que de Kanaks ou de Blacks, mais des mercenaires de la thune.

Ces joueurs-là, la France métisse, ils s'en battent les couilles, comment leur en vouloir. On leur demande rien d'autre que de taquiner le cuir, c'est ce qu'ils font. S'ils sont là, c'est parce que ce sont des joueurs d'exception, pas le fruit d'un travail supposé d'intégration des minorités ethniques. Sur ce point-là, c'est au nombre qu'on évalue la valeur d'un principe.

La France aime Zizou, pas les Arabes ; la France aime Khaled, pas les Algériens ; la France aime Zebda, pas les Beurs… Ça fait la différence.

Qui a vu un footballeur, lors des manifestations du 1er Mai, marcher dans les rues de Paris ? Qui a vu un footballeur soutenir quelque mouvement de chômeurs que ce soit ? Qui a vu Anelka venir rendre hommage aux Beurs de Dammarie tombés sous d'injustes balles policières ? Qui a vu Zizou sur le pont du Carrousel venir rendre hommage au jeune Marocain noyé après s'être fait lyncher par quelques têtes pleines d'eau du Front national ?

Les contes, ça paie, je dirais même les contes "sapés". Les histoires de pauvres, ça gonfle tout le monde, à commencer par les pauvres et les joueurs eux-mêmes.

Le plus tragique, c'est que tous ces footballeurs viennent de familles modestes, ce sont des fils d'immigrés ou, comme dirait la gauche, des fils d'ouvriers, et ils nourrissent à la puissance décuplée un système qui a fait de leurs parents des esclaves.

J'eusse aimé, c'est vrai, que Zidane évoquât le droit de vote des immigrés, son père ne l'ayant pas, c'eût été pour nous, enfants de la deuxième génération, du baume au cœur, du baume au cœur et pas plus mais… silence radio. On apprend pas à devenir ça dans les stages de formation. "Ça"… c'est la citoyenneté.
"Faut assurer", a dit l'agent, "Faut pas pousser", a dit la France, "Hors sujet", a dit Aimé. On est là pour le foot, on est là pour gagner. Comme si bien jouer c'était ne pas penser.
— Les intellos, faites pas ièch.

Moi, j'adore le foot, j'aime la France, j'aime la République, j'aime l'équipe de France. Et alors ?
Le foot, je le regarde pas à la télé, ou si peu. Pour une grosse faillite de TF1, j'aurais pas peur de deux ou trois défaites. J'ai mes priorités : elles sont sénégalaises.

Sur TF1, Johnny s'écria : "Oui, je connais des joueurs de foot, j'ai déjà croisé Zazie…"

Je regarde pas le foot à la télé, j'ai peur d'acheter ses produits dérivés. Le foot, je le joue. Je suis un footballeur du dimanche et, le dimanche, c'est la fête. Pieds tordus et ventres graisseux, on s'échine au minimum. Une passe réussie, c'est champagne, deux passes et c'est un feu d'artifice, c'est déjà ça… donné à l'autre.

Ces vingt-deux joueurs, on peut quasi tous les citer pour leur absence dans les batailles ingrates. Dur, effectivement, de défendre un sans-papiers, une double peine, un SDF, une femme battue, une autre violée. Dur de soutenir un Beur tombé sous les balles de la République, un chômeur, un syndicaliste… Car ça le fait pas.
Il est là le problème : "Ça le fait pas."

On se les imagine tous, ces footballeurs entourés de communicants leur distillant le code de bonne conduite du footballeur qui assure. Tous ces footeux font dans l'humanitaire façon Obispo ou dans le médical façon Téléthon. Il faut que l'acte plaise, comme une reprise de volée. Sinon, on s'entend dire :
— C'est de la merde en barres, ton truc.

Non ! La France n'est pas plus métisse qu'une valeur républicaine en banlieue. Je souris quand on évoque l'équipe de France comme étant l'image d'une société ouverte plurielle et gagnante. Cette équipe de France est hermétique, individualiste et profiteuse.

Hermétique, car ces vingt-deux joueurs sans exclusive pensent foot et se battent les couilles des trente-cinq heures, de la politique de la ville ou du trou de la Sécu.

Individualiste, car, au fond, ils se foutent les uns des autres : c'est à chacun de trouver le bon contrat, le bon club, le bon plan. Ils vivent à des milliers de kilomètres les uns des autres, dans des sphères closes pleines de kinés, de pelouses et de grosses cylindrées... dans le luxe et l'odeur de camphre. L'unité du groupe France, dont on nous rebat les oreilles, n'est que le fantasme d'un peuple en déroute et encore plus celui des médias avides de contes de fées.

Profiteuse, car ils gèrent leur histoire façon indice Nikkei. Pour eux, la France est ou n'est pas un immense portefeuille dans lequel ils plongent allègrement leurs pieds pour y pêcher des perles d'or.

MA VILLE

Sur le trottoir, des petites chattes miaulent, et pas qu'en espagnol, elles miaulent des *come on baby*, des *vieni vieni*, des *benaki*, même en russe. Pas une qui ait l'accent des berges. Elles se groupent en ethnies et s'aident de la langue. De leur langue.
C'est ma ville, métisse par la voie câline, métisse par le bitume et la menue monnaie. Des cuisses africaines frappent le sol le long d'un canal qui médite. Mais une couleur suffit pas, un continent trop vague, alignées par dialectes. T'es pas d'ici, va-t'en. Dans ma cité, pas très loin, y a ceux qui sont des HLM, ils sont de Malte et de Jérusalem, ils sont d'Oran sans être oranais et parlent à de vrais Oranais qu'ont jamais vu Oran. C'est la guerre sans nom qui se lit à chaque prénom, celle des apatrides de la Méditerranée. Y z'écoutent Macias et sa paix de trois sous, y z'écoutent Iglesias quand c'est pas du Khaled et ses tempos bidon. Chacun refait sa ville chacun de son côté.

Dans les bars y a du Clash, du Mojo et les Spook, la Nougue a fait ses jours. D'accord, on y mange d'excellentes tapas autour de petits cercles où l'Espagne a le blues, mais n'oubliez jamais qu'ici les artisans sont devenus anglais, y rachètent la pierre et font refaire ailleurs des souvenirs bâtis depuis près de mille ans.

Ma ville a ses jardins où le bonheur s'arrête passé les dix-huit heures, des petits kiosques à la gloire de la patrie… mais si tu fais du bruit !… Puis elle a ses avions jolis comme des papillons mais, à votre avis, qui les prend si ce n'est les marchands ? Ma ville a ses vélos, autant de cadenas ; elle a ses lampadaires et autant de cailloux. Ma ville a tout du dernier cri mais t'en sais pas le prix. J'en connais qu'ont pas les cent sacs pour une toccata de Bach, des hordes de brunettes et de punis qui savent rien de la *Neuvième Symphonie*. Tu me diras, y s'en battent la bignole, y z'ont la parabole.

ALLEZ OUSTE !

Il est arrivé en disant "je me les fais"
Et pour commencer je me pointe au téfécé
Puis j'irai au stade juste avant le capitole
Je vais leur en donner moi de l'accent agricole

> Mais tu nous as pris pour des têtes de dindon
> Allez ouste !
> Ta langue de châtaigne, tes promesses bidon
> Allez ouste !
> Ma parole tu nous as pris pour des langoustes
> Allez ouste !

Je vais te les charmer à la façon Baudis
La raie sur le côté, le Lacoste et le Levi's
Puis faire un poème sur la Garonne… en gros
Des petits mots qui sonnent façon Claude Nougaro

Mais tu nous as pris pour des têtes de dindon
Allez ouste !
Ta langue de châtaigne, tes promesses bidon
Allez ouste !
Ma parole tu nous as pris pour des langoustes
Allez ouste !

Pour les mamies je laisse pousser la mèche
Elles castagnent… alors faut que je me dépêche
De mettre partout des képis pour la racaille
Qui nous vient d'Empalot du nord et du Mirail

Mais tu nous as pris pour des têtes de dindon
Allez ouste !
Avec tes yeux bâchés tes promesses bidon
Allez ouste !
Ma parole tu nous as pris pour des langoustes
Allez ouste !

J' suis pas toulousain mais ça va le faire
T'inquiète depuis Lourdes j'ai du savoir-faire
Y paraît qu'ils aiment quand on parle des briques

Elle est à moi la ville et merci Dominique

> Mais tu nous as pris pour des têtes de dindon
> Allez ouste !
> Ta langue de châtaigne, tes promesses bidon
> Allez ouste !
> Ma parole tu nous as pris pour des langoustes
> Allez ouste !
> Allez ouste !
> Allez ouste !

LA RANÇON

Depuis toujours je connais cette épaisse fumée continue qui sort d'AZF. Elle a fini par disparaître sous nos yeux tellement elle était présente. Elle a fini par être utile comme un repère, un décor, un emploi, enfin ! Quelque chose qui sert. On s'habitue au pire, et même pire : on adhère au cauchemar comme une part de soi. En même temps, depuis toujours à Toulouse, qui n'est pas passé devant cette immonde cheminée sans ce sentiment d'effroi mêlé d'impuissance ? Qui n'a pas ralenti sans faire la grimace des désespérés ? On eût marché sur des cadavres, c'était pareil. Cette cheminée qui vomissait toute la laideur de l'humanité a explosé. Cette cheminée est devenue un peu chacun d'entre nous, utile et désespérante à la fois. Ce sexe jeté dans le ciel comme une arrogance pénible, c'est nous.

Combien de fois ai-je entendu les mises en garde des Amis de la terre. Ils manifestaient à trente ou à dix, ici ou là, sans l'once d'un écho de solidarité. Les gens riaient, les médias abrégeaient. Les uns comme les autres ne supportent pas le manque d'éclat dans l'action. Il eût fallu la façon Act up, la foule entend que le choquant. Aujourd'hui, les gens disent et manifestent leur colère. Aujourd'hui, les médias rallongent leur propos. Drucker se ramène avec sa horde de stars, Foucault de même et ses misérables millions dont rêvent les malheureux. Le pire, c'est qu'après ça chacun repartira avec du baume au cœur. Puisse la colère résister cette fois. La secousse a frappé le Mirail, Empalot, les Reubeus en première ligne. Au centre-ville, le murmure de l'attentat se faisait lourd. On tenait les coupables, ils étaient bruns et cruels. Victimes et assassins confondus.

Encore la double peine. Nous étions durant quelques heures frappés d'un côté par les civilisés, de l'autre par les barbares. Parfois le mal et le bien ne font qu'un mais il faut que quelqu'un casque et c'est celui qu'a pas choisi son camp. Bush ou Ben Laden. A chaque stress on cherche le turban, le média citoyen s'en charge, il enquête... On ne cédera pas à la thèse de l'accident tant qu'on n'aura pas la preuve la plus explicite qu'il ne s'agit pas d'islam. Les autorités viennent de conclure à l'accident mais les rats cherchent et trouveront bien quelques ramifications : par holdings interposées, l'usine appartient à... Saddam Hussein.

ADIEU TOULOUSE !!!

La rue Saint-Rome et je me sens une deuxième fois étranger, une deuxième fois l'intrus. Mes oreilles ont capté des palabres furtives, un son de capitale et là un chant triste me monte au nez... où sont tous mes accents ? Tous ceux que j'aimais tant. Ils sont peut-être à la cinémathèque, dans quelques bobines d'antan ou dans les archives d'èfère trois Midi-Pyrénées.

Le centre-ville, c'est dingue ! est déserté par les accents. On y parle pointu. Pointu comme le nez de Concorde. D'ailleurs c'est pour ses petites sœurs qu'ils sont venus. Y a du Paris dans ma ville qui a étouffé Barcelone, pire, toute l'Espagne. J'ai tout à coup l'impression que ce pays voisin est une vieille dame tout habillée de noir et comme le sentiment que c'est Paris l'adolescente. Faut que je passe pour jeune ou pour anachronique, à moi de choisir. A mon âge, être pécore et sentir le légume c'est pas bon et tout ça dans l'artère principale.

L'Afrique, quant à elle, a pris ses quartiers derrière la rocade – on dit le périphérique. On débaptise les mots qui le font pas. "Rocade", ça fait chemin de pierre, ça fait Cabrel. Allez, on rase la moustache. Là-bas derrière, l'Afrique a refait une Afrique à l'accent de Mazamet. Quand ils arrivent, y a ceux qu'imposent leur langue, les autres ne l'ont qu'étrangère. Misère et abondance sont au coude à coude. Y a quelque chose d'inégal jusqu'au fond de la bouche. Un mélange mal fait de ratures verbales. Faute de goût, la sauce prend quand même.

Y a du nord qui se fait du sud, comme partout. Comme du New York à Cancún, du Londres à New Delhi et des banques partout. Béton cannibale, il va falloir s'y faire… tout' façon, le prêt-à-porter a fait la peau à la fringue, le Mac aussi a croqué le pan-bagnat, l'épicerie de nuit s'est fait l'épicerie tout court.

Rue Saint-Rome, je me sens dans la bouche un couteau qu'a tranché ma langue de bœuf et mon accent se tord, y se fait strict. Désormais, c'est moi qui fait tache sur le pavé. C'est moi l'hurluberlu. Chapeau… pointu !

Soudain j'ai du verlan qui pousse et du ton de trader. J'ai de l'impératif et du verbe moqueur, j'ai du crâneur entre les lèvres et du mondain qui bave. J'suis lucide, il faut que je m'intègre. J'arrondis la terminaison des mots en "in", des mots en "on", j'ôte le rebondi, je creuse un peu mes joues, serre les dents, élimine un peu d'air. Finie la "chocolatine", bonjour le "pain au chocolat". Allez, je me le tente ou pas ? J'entre dans une boulangerie, faut que je sache où j'en suis, où en est ma ville. Et puis non ! Si jamais je tombe sur une boulangère maison je passe pour le traître de service, la tête de chien.

Avant que le soleil ne m'endorme, je rentre chez moi, quartiers nord, et j'entends…

— Hé Magideu ! Tu me chângtes ta chansong ?!

— Nong ! Pâ maingnân !… (Ouf, j'ai rien perdu !)

AUTOBUS IMPÉRIAL

J'ai passé dix-sept ans à la cité Bleuet, une cité à deux encablures du centre, toute à portée de main. Une échoppe vendait des cassettes coquines, clopes, bouteilles de gaz, thé à la menthe, voitures d'occase, dattes et riz Basmati. Des truites aussi, séchées, des saucisses bâchées et du jambon hallal. Tout ce que le monothéisme indiquait de sacré était sali là par un arrogant mélange. Le sacrilège ici naissait du sacré même. L'embrouille jusqu'au ciel. A pinces on trouvait tout dans le petit ghetto, pourquoi prendre le bus?... on est jamais sorti.

On était dans un puits à se marcher les uns par-dessus les autres. Des millions à se tchourer l'oxygène. Dix-sept ans de bonheur, si ce n'était les filles qui voulaient pas de nous puisqu'elles voulaient pas d'elles. Si ce n'était la thune qu'avait jamais souri. On entendait nos poches gémir tellement elles avaient rien à se mettre dedans. La famille, je vous en dis pas plus. L'école et sa potence, on avait pas les mots.

Surtout l'école, c'était la France comme une Caterpillar au-dessus de nos têtes. Elle nous disait "dehors"... On prenait pas le bus pour aller la rejoindre.

Au fond de cet abîme on vivait du ballon, de la pêche à oualou, de la chasse à celui qui était pas pareil. Notre passe-temps favori, c'était la guerre ! On était noirs, on était moches, pas de filles, pas de Français. On défendait des petits bouts de terre comme une guerre avant. A mille dans une boîte d'allumettes, on trouvait le moyen de s'en voler un bout. La mesure ? C'était le talion. Ailleurs, c'était la France, fallait prendre le bus. On étouffait dehors, on étouffait dedans et les préfabriqués ne nous supportaient plus.

Quand un jour papa dit :

— On déménage ! Je vais construire une maison... à nous.

Coup de tonnerre !

A l'idée d'avoir une chambre à soi on jubilait. Enfin de l'air ! Même dans neuf mètres carrés, le pied. La liberté comme en prison car nous étions couchés les uns contre les autres dans des lits de laine faits main. Neuf mètres carrés auraient fait l'horizon. Serrés dedans, serrés dehors. Une chambre, bordel ! Pour se morfondre et pour le plaisir d'être seul, enfin vivre le ridicule incognito. Se regarder devant la glace comme des Emma Bovary circoncis, l'idée du sexe en plus. Bref, j'allais faire connaissance avec moi, avec la multitude qui m'habitait, le prêtre, le poète et tous les loups. Les regarder en face un à un dans le miroir en un visage. Un visage blessé, pas de cul.

Depuis deux ans déjà, papa nous avait réquisitionnés tous les sept. Deux années noires comme douze chagrins réunis dans le cadran d'une horloge. Tous les jours, après l'école, il nous ramassait à la pelle pour aller bâtir ce qui allait vite devenir un cauchemar en briques, le cauchemar de notre adolescence. Tous les week-ends et durant toutes les vacances, c'était pelle, pioche et dégoûtage à souhait. On vomissait toute notre descendance. Des lâches aux plus valeureux. Deux années sans filles après quinze années sans… Quel programme !
On a haï les chambres.
Quand on a pas le sou une maison se borne à n'être qu'un couloir, comme si être pauvre c'est déjà vivre en prison ? Les deux années passèrent comme dix à Cayenne… l'heure du déménagement sonna.
C'était à la campagne, un beau lotissement, tout vert mais loin de tout. J'avais pas dix-sept ans, j'avais pas le permis, plus de copains, il me restait le bus. Vingt bornes, c'est pas rien quand le pipi frétille du secret des copines. Vingt bornes et l'autobus enfin sauva ma vie.

Je l'avais jamais pris sauf une fois ou deux au bras de ma maman qui s'en allait en ville acheter un bijou, j'étais son passeport aux yeux du voisinage. Acheter un bijou qu'elle ne porterait pas. C'était aux aurores. L'aurore à dix-sept ans a le goût de l'amer.

Le grand jour arriva de la rentrée scolaire, je me pointais donc, fébrile… les six autres derrière au rendez-vous des bus. Il fallait être à l'heure, le bus n'attendait pas et si tu le loupais la tannée t'allais pas la manquer. L'école à la maison faisait la concurrence au tapis de La Mecque. Maman n'avait que ça de palpable à jouer.
— C'est l'école ou c'est moi qui vous mène en enfer !
A quelques pas de l'abribus, oh !, divine surprise ! une nuée de couettes, de cheveux longs et courts attendait patiemment. Que des filles partout, comme un panier de fruits, mais des fruits de Cocagne, pas les machins des îles qui vous coûtent bonbon. C'était du fait maison, de l'écorce d'ici à l'odeur de la terre. C'était comme une récompense de ma chasteté. J'avais pourtant émis très tôt des vœux contraires. Ces belles étaient comme une vengeance, oui, j'allais me venger des petites d'antan qui ne voulaient qu'un doigt et encore en passant. Un doigt maigre de faim et pas même un peu d'eau dans nos paumes séchées.

Nous, c'est le corps entier qui voulait s'engouffrer mais on est morts depuis.

Ce matin, donc, je me sentais revivre ; l'oxygène, j'avais plus à le voler. C'était trop. Trop d'air, trop de Français, trop de filles. Les visages étaient beaux et le recourbe-cils avait fait son boulot. Toutes ces fleurs allaient prendre le bus et moi avec. Toute l'année, tous les matins, j'allais avoir mon petit rendez-vous avec le paradis. Un paradis roulant. Un harem ambulant dont j'étais le vizir. Je les revois monter une à une les marches. J'allais pas leur passer devant, vous rigolez ! Je me disais en mon faible intérieur :

— Après vous, les gazelles, et moi j'explose après…

Plus besoin de courir à la quête du Graal au triangle de feu, finies les filatures pour à peine un sourire, je n'avais qu'à m'asseoir. Elles étaient toutes là, consentantes, à l'incontournable transport. Prisonnières du char à quatre roues motrices. Dans ces contrées, les frères calculent pas les sœurs, au besoin ils se faisaient entremetteurs. Enfin ! J'étais en France !

Je délirais… va donc, mon bon chauffeur, et je te souhaite toutes les pannes du monde pour avoir un peu plus à vivre à leurs côtés. Une panne façon *Un taxi pour Tobrouk*, oui, je veux les sauver et plonger mes deux mains dans le carburateur, je veux qu'on me regarde, pas qu'on dise "il est beau", c'est pas l'atout majeur, mais plutôt "il est fort". Je voulais qu'elles aient de la peine à mes deux mains salies et que même elles me touchent. Non ! Faut pas qu'elles me touchent, j'suis pas tout à fait prêt. Moi, la peau d'une fille sera comme un couteau.

J'ai besoin de m'y faire, à la proximité, une bise et j'orbite.

Oh ! Mais je vais l'aimer, ce putain de trajet. Ces quarante-cinq minutes, je vais les bichonner. Ces trois quarts d'heure inespérés, je vais t'en faire une plus-value de folie. Je vais te capitaliser le temps d'une force à nulle autre pareille.

Je me détachais, discret, de la horde famille, je voulais être seul. Maudites soient les familles à rallonge, ça vous colle à la peau quand vous êtes l'aîné, ça vous oublie quand vous êtes le plus petit, ça vous étouffe quand vous êtes au milieu.

Les bites pas circoncises s'étaient jetées au fond de la vieille carlingue comme le font tous les mecs à cet âge élégamment appelé "idiot". A cet âge, le bruit fait la virilité et, croyez-moi, y avait un satané boucan. Tous les matins ils se gaufraient les uns sur les autres… préliminaires de lapereaux. Ils se disputaient des sièges où y avait pas de filles. J'ai fini par connaître ces peuples déstressés qui chahutent tout nus les samedis matin. Je les ai vus rire et courir, organes et cul nus sans même s'offusquer, de la chambre au salon et à la salle de bains. Ils avaient mis à mal ce pou qu'est la pudeur. Chez nous, pour être seul dans la salle de bains, fallait un gros trousseau, deux épaules bâties, plein de bonnes raisons.

Les garçons s'étaient mis au fond et les filles devant, on avait le même âge mais j'étais bien plus vieux, comme si la misère accélérait le temps, et le manque un désir. Dans tous les bus du monde, les garçons sont au fond et les filles devant, c'est jamais tout à fait pour les mêmes raisons, ici c'étaient les bonnes. Les cadors négociaient les frangines aux petits en échange d'images.

— J'ai Platini et deux paquets de Treets…
— OK, d'ac.

Rendez-vous était pris d'une villa à l'autre pour jouer aux poupées et se tenir la main, je voulais plus que ça… je riais.

Dans mon bled, une simple évocation de la sœur et tu perdais tes dents de devant. On ne parlait jamais mais on pensait si fort que sans ouvrir la bouche il arrivait qu'on perde quand même des dents. Moi je venais d'en bas, c'était tout mon orgueil, j'allais pas la jouer de la même façon, j'allais rien négocier, normal, je puais la fierté de ceux qui sont bannis. Si j'ai rendez-vous moi j'y mets tout dedans. Dix-sept ans de tabou, l'amour dans la sueur, le vol et l'effraction et la belle blessée.

A chaque arrêt, sans rire, des grappes de coquines alourdissaient le bus et soulageaient mon cœur comme un étrange mouvement de sablier. Trois arrêts plus tard on avait toujours pas quitté le village, mon cœur et l'autobus étaient remplis jusqu'à la gueule…

— Encore, nom de Dieu !

Je pêchais de la gourmandise avant même d'avoir, je suffoquais d'amour, fallait vider les mecs. Déjà l'envie me traversait de casser quelques dents tout de suite, montrer façon Caterpillar que la pompe changeait de pied. Mais j'étais pas de ceux qui refont les mâchoires, j'avais déjà trop lu. La lecture souvent assassine le chien qui rôde en bas du ventre, j'étais un peu guéri.

Je m'étais donc installé à peu près au milieu, proche de mes divines et pas trop près non plus. Y avait Caro, Corinne, Martine et Patricia. Y avait tous les prénoms qui sont pas de chez moi. Les prénoms de leur satané calendrier. Pas une Fatima qui m'aurait fait baisser les yeux comme c'est la coutume dans la secte semoule. Elles étaient toutes là prisonnières du bus et j'allais les mater, me venger de l'amour qui se fait dans la peau. Mes yeux allaient s'en payer une méchante tranche sans lever le petit doigt. C'était donc ça la récompense. Me retrouver assis côte à côte avec l'une et puis le lendemain tout à côté d'une autre sans que cela paraisse de la chacalité.

Tout cela au nom de la République, de l'école laïque, des transports en commun.

Le comble du bonheur. Etre proche et jouer des airs d'éloignement. Je bénissais le ciel et les petits villages dépourvus de collèges. Tous ces petits hameaux loin des grandes surfaces, tous ces bleds à la rue où rien n'était à portée de main. Pour la moindre aspirine il faudra l'autobus. Je bénissais M. Renault, tous ces grands constructeurs, tous les chauffeurs poids lourds. Le progrès et son contraire étaient là concentrés grâce au moteur Diesel et un peu de mazout.

Coup de tête en arrière, la vitesse est passée, branle-bas de combat le bus avance. Je n'avais qu'à m'asseoir et petit à petit tomber la légende. La flamme reprenait du service fissa !

Je bénissais ce bus comme une arche d'amour et rendais grâce à tous ces conseillers généraux, à tous ces techniciens de l'aménagement du territoire pour avoir planifié ce trajet du bonheur. Vive la France ! et ses églises et ses jambons qui ne s'étaient jamais engouffrés dans ma trachée artère.

Le chemin se faisait paysage nickel d'une France avachie, le vert était présent et tout le *peace and love* qui va avec, il ne se doutait pas que j'étais le mégot au pied de l'arbre mort, j'allais mettre le feu. Je savais plus où donner du regard, même les petits thons me salivaient le bec…

Caroline était moche, j'étais pas beau. Je sentais qu'elle était prête à donner beaucoup, et la laideur souvent est une main qui s'ouvre. Dilemme ! Avec elle j'aurais la coquille et son fruit, et ma brutalité s'assouvirait sans heurt, mais que faire des autres pour une fois si près ? Du feu de Dante je passais sous la douche à l'écossaise. Que faire ? Caroline avait déjà dit oui, assise là bien en face de moi… je lisais son regard.

"T'auras tout connard ! et même plus, mon ventre va vider ta colère, je vais te faire un triangle et tu mettras dedans tout ce qui fait ta colère. Je vais m'ouvrir comme une mer tu n'auras qu'à prendre et me fendre et me jeter après…"

Déliquescence… j'étais en miettes.

Tout à coup deux secousses, coup de freins, cris de folie – quoi ? c'est déjà la panne… j'suis fou ! Au premier jour, à peine sortis du village, au milieu de la route, des panneaux indiquaient d'importants travaux. Trois énormes tractopelles déchiraient la prairie, plus loin un bâtiment tout neuf semblait déjà prêt à l'usage. Stupéfaction ! Là, devant moi, une large pancarte indiquait la nature du projet :

"Prochainement ouverture du collège"

Et le chauffeur d'ajouter…

— Et ça, pour moi, ça veut dire l'ANPE, direct.

Maudits soient les conseillers généraux, la France et son aménagement du territoire, les petits patelins, l'herbe et le lilas, les déménagements, les bus et les chauffeurs... Envoyez le jambon.

LA HONTE

Maman, t'étais pas svelte, longue, blonde, et pis tu ne parlais même pas français. Tu baragouinais en roulant deux *r* sur trois. Tu me disais :
— Mô fils, icôte.
Mais on dit pas "icôte", on dit "écoute", "é-c-o-u-t-e". D'ailleurs on dit pas non plus "bôjôrr", on dit "bonjour". Tu entends ?! "B-o-n-j-o-u-r." Tu réglais le problème avec un "va chier" convaincant. Bon, là, ça va ! Dans "va chier", y a pas de *r* à rouler.

Tu marchais dans les rues, enfoncée dans tes bottines ridicules à trois francs six sous. Tu marchais comme d'hab', en baissant la tête. Jamais je t'ai vue regarder le ciel. Tu pensais "Dieu nous regarde". Cette longue gabardine bleu clair… heu, pardon, délavée, tu la portais l'été l'hiver, et quand je t'accompagnais dans quelques improbables rendez-vous d'école, j'étais à dix mètres derrière. Ce matin-là, c'était le cas.

Je croisais les copains qui pressaient le pas. Ils en menaient pas large. Ils m'en voulaient de provoquer ces allées et venues incessantes au collège :

— Fais chier ta mère !

On aimait pas nos mères, elles étaient laides, incultes et méchantes. Chacun voyait sa mère dans la mère de l'autre, comme si elles n'étaient qu'une. Une pour tous, difforme, multicolore, vague. Dans ma tête une plainte…

— Non ! c'est pas ma mère… Ma mère est maigre et grande, puis elle a les cheveux lisses, et c'est des petits chapeaux qu'elle porte, pas des foulards bariolés. Et puis ma mère, elle travaille, elle est secrétaire. Cette femme que vous voyez là, c'est pas ma mère ! J'ai été adopté, vous voyez bien qu'elle ne me ressemble pas. Mon vrai prénom, c'est Philippe, pas Karim…

Maman, tu sentais le persil mélangé à de l'eau de Cologne pas chère. De l'eau de Cologne du Pas-de-la-Case. J'aime plus le Pas-de-la-Case et le persil… Merde ! Est-ce que les Français sentent le persil ? Non !

Maman, t'étais petite et ronde comme si tu venais d'un pays où les filles devaient pas plaire. Je me rappelle bien, tes copines portaient la même gabardine, les mêmes foulards bien serrés sous le menton, et toujours les chaussettes qui dépassaient des pompes.

On vous aurait brûlées toutes ! Sans parents, il nous semblait que le monde aurait été qu'un pur délice, une cour de récré, et l'orphelinat sa salle de jeux.

Putain de bled ! Y a-t-il donc pas là-bas des blondes aux yeux bleus, des mères en tailleur court qui roulent pas les *r* ? Enfin ! Des femmes, des vraies, qui font pas la cuisine, ni à l'huile d'olive ni à l'huile tout court. Des femmes jolies tout le temps, jamais fatiguées, souriantes et qui font pas d'enfants. Les hommes… pareil : y en a-t-il sans moustaches, sans gamelle à porter tous les matins du monde ? Y en a-t-il sans pioches et sans truelles ?

Tu marchais… non ! Tu posais des pas lourds comme autant de bulletins scolaires qui pourrissaient ta vie, des bulletins scolaires, les nôtres, sept par trimestre, comme autant de coups de couteau dans ton cœur. Je voulais pas te tenir la main, et puis tes mains sentaient l'huile d'olive, vu que t'en imprégnais tes cheveux pour les faire glisser entre les dents du peigne. Il t'en restait toujours un peu dans les mains et ça te faisait rire qu'on aime pas ça. Mais là, tu riais pas, on allait à l'école.

L'école, c'est la seule chose qui te faisait pas rire parce que c'est ce qui comptait, bien avant le persil, l'eau de Cologne, tes parents et peut-être Dieu lui-même.

L'école, c'était ta religion, et t'acceptais que les Français en soient les messagers célestes : ils étaient blancs, propres, ils savaient lire, écrire, construisaient des avions, inventaient des médicaments et travaillaient tous en costard. Toi, comme une espionne, tu voulais qu'on tchoure ce trésor caché dans leur crâne, qu'on braque tous les jours un peu plus de mots, de gestes, des trucs à eux en les imitant, et jusqu'à la maison parler français.

Mais l'école, cette banque fortifiée, se laissait pas prendre aussi facilement. L'école, où ta progéniture, sept enfants, s'engluaient les uns derrière les autres. C'était d'ailleurs tes uniques sorties. Le chemin de l'école comme un pèlerinage en enfer, s'entendre dire :

— Il est nul, ils sont tous nuls !

Ce matin-là, c'était grimace et calotte derrière la nuque :

— Avance, tête d'âne !

En lieu et place des devoirs, j'écrivais des poèmes, du plagiat prépubère d'enfant mal dans sa peau, de médiocres quatrains. Et toi, maman, tu remarquais cet espace blanc toutes les quatre phrases, tu devinais que c'était pas des devoirs :

— Ça ! C'est pas des devoirs !

Tu le répétais au proviseur : "Il fait pas ses devoirs, il écrit des bêtises." Il expliquait que tout ça n'était pas si grave et qu'il y avait de très bons métiers à apprendre au LEP d'à côté, mais dès que t'entendais les mots de "menuisier", "mécanicien", "plombier", des geysers jaillissaient de tes yeux. Plutôt mourir, ici, là, dans le bureau du grand connard, plutôt que ces minables métiers qui vous écornent la peau des mains, vous font gagner trois sous, porter des gamelles et bosser dehors sans cravate. Tu secouais la tête de gauche à droite :

— Non ! Non ! Non ! Non !

Tous les trimestres de chaque année, tu prenais ton courage à deux mains et ce même refrain exaspérait toute l'administration du collège, et avant de l'école primaire, et qui sait peut-être, en maternelle, pleurais-tu déjà ? Mais ce matin, dans l'exaspération, le proviseur se tourna vers moi.

— Tu vas faire déplacer ta mère tous les matins de tous les jours de chaque année de ta vie !… Hein ? C'est bien joli d'être gentil, et de dire "Oui monsieur" chaque fois. Ça suffit pas, mon ami ! Il serait temps de comprendre ce qui se passe. Tu comprends ce qui se passe ?

J'osai pas réitérer mon "Oui monsieur". Il décolérait pas.

— Réveille-toi un peu, secoue ta cervelle ! Réagis ! J'en ai plus qu'assez de voir le visage de ta mère, on est à l'école, ici, pas à l'église, alors fais quelque chose, aide-nous, bon sang ! T'as compris ? Tu comprends ce qui se passe ? Hein ? Tu comprends pas, bien sûr ! Tu dors !… Regarde ta mère ! Regarde-la, je te dis ! Une bonne fois pour toutes !

L'étau du forgeron de l'atelier d'à côté n'aurait jamais pu me redresser le menton.
Il finit son sermon par un :
— T'as pas honte !
Cette phrase résonne encore dans ma tête trente ans après.

VERCINGÉTORIX

Je buvais un pot avec Mémède place Arnaud-Bernard. Mémède, c'est mon meilleur pote, on est aussi proches que différents donc toujours ensemble. Ballon de rouge pour moi et café crème pour lui. Nous attendions Polo pour aller au ciné. Comme tout Beur qui va pas voir de la merde au cinéma, on allait s'envoyer un Jaoui-Bacri. C'était jour d'élection et pour nous, Beurs, l'ambiance était à l'excitation. On venait de voter utile, Lionel président.

— Tu le fais exprès ! me dit Mémède, il parlait du ballon de rouge, il l'assumait pas en public.

— Faut faire avancer le schmilblick ! On est français, merde ! J'emmerde les Reubeus !

Pour nous il y avait les Beurs, les Reubeus et les Arabes, les premiers assumant leur francité, les seconds mystifiant des origines arabesques et les troisièmes *Les Mille et Une Nuits*... ouf !

Mémède détestait qu'on se répande sur notre athéisme. Il préférait qu'on cache ce tabou millénaire, ravageur, dont on se délectait en douce. Précoces, on s'assumait gaulois depuis belle lurette, fiers du Siècle des lumières dont on se sentait héritiers. Fiers d'hériter de ce que la France initia d'universel à toute la planète. Des nuances cependant s'immisçaient à tout va sous tous les contours de nos positions respectives. J'usais de la provoc, il préférait ménager nos congénères bruns.

Comme pour tout Beur qui se respecte, unique sujet de conversation entre nous : les Français donc les Françaises. Je matais, salaud mais correct, sous les jupes des grandes. Mémède décortiquait *Libé*. Quelques rares rayons de soleil donnaient l'impression d'une fin de printemps, les jambes des filles étaient au diapason, je m'écriais : "Vive la France !"

C'est tout moi ça, une paire de cuisses et j'adhère au drapeau.

— Ne renie pas ta race, maugréa Mémède.

— Mais je renie rien du tout, j'assume, j'affirme !

— Mais qu'est-ce que t'affirmes ?

— J'affirme la fesse, le genou, le bras nu et le haut des seins.

— Et c'est pour ça que tu cries "Vive la France !" ?

— Oui, mon vieux, c'est à la surface de nudité qu'on juge une démocratie. La fesse, c'est la canne et la République tient dessus, et je n'ai pas lu Freud.

— Oui, en fait t'as envie de baiser et ça te rend con.

— Mais regarde ! regarde le spectacle de la liberté.

La place était bondée d'adolescentes-femmes, de bombes empoussettées et de quinquagénaires entalonnées. Et je repris :

— Tu nous imagines à Damas, Alger, Rabat ou Tunis, assis là sur une terrasse à mater comme des ienchs sans qu'on vienne nous écorcher vifs ?

— Mais ça viendra.

— Ouais, dans deux mille ans, non merci, moi je dis France !

— Mais moi aussi j'suis français mais t'as vu ma gueule ?

— Ta gueule à toi peut-être mais moi je passe très bien pour un Portugais, un Andalou, voire un Juif. On me regarde, on se dit pas tout de suite il est bic.

— Non, pas tout de suite, mais après présentation des papiers y aura désillusion sur la place.

Mémède n'aimait pas que je joue l'intégré, moi j'aimais charrier. Chirac, avec son discours sur les immigrés parlant du bruit et de l'odeur, l'avait définitivement achevé, pas moi. J'étais bien trop cynique, et depuis déjà bien longtemps.

Je considérais qu'il fallait qu'on en chie, qu'il fallait faire avec et que l'un dans l'autre on était au paradis d'Hugo. On était au fond d'accord sur l'essentiel, et l'essentiel c'était échapper au ghetto reubeu tout en restant beur, assumer de ne plus être musulman tout en l'étant, et couper tout cordon du bled pour protéger nos mères. L'équation n'était pas simple.

Faut dire que nous avions fait très tôt un apprentissage de l'islam assez sanglant. Nos parents avaient eu l'idée de se cotiser pour financer des cours d'arabe qui allaient nous livrer à divers bourreaux libanais. L'école coranique qui disait pas son nom prit vite le visage de la torture et c'est à coups de bâton qu'on nous initia à l'alphabet arabe. On fit blocage.

A la maison déjà, l'islam pratiqué était sommaire.

Première version : être musulman, c'était être de nationalité algérienne, pas boire d'alcool, pas manger de porc.

Deuxième version : c'était bosser l'été et verser l'intégralité du salaire dans l'urne familiale, être bon en maths, obéir, se coucher tôt, être hétéro.

Version violente : c'était taper sa sœur, sa mère et les voisines, j'en passe et des meilleures.

En tout cas être musulman à cette époque embrassait une infinité de possibles. Nous nous étions fait, avec Mémède et quelques autres rares littéraires, une croyance à la carte qui supportait un nombre croissant d'incartades. On nous appelait les ultra-souples.

Tout petits déjà, avant d'être initiés à l'islam des pauvres, on s'étripait, Mémède en tête, pour partager le quatre-heures de nos copains français. Une pâtisserie du nom de jambon d'York nous faisait saliver. C'est plus tard qu'il fallut s'en passer, et même pire : jeûner un mois entier.

Ces innombrables islams dans le quartier semèrent le doute chez bien des filles à qui tout était interdit. Par contre, l'adultère masculin était couvert, le polygame émancipé. Pour les mecs c'était tout bénéfice mais l'un dans l'autre on était séparés des filles donc nous étions légion à nous convertir au dogme de la fesse. On avait pas la barbe, on cherchait la touffe avec force ferveur.

Quant au bled, de voyages en voyages on apprit à le démystifier. Mes tantes à moi, je me rappelle, voulaient se vendre pour un visa. Elles voulaient sauver leur progéniture.

L'une d'elles disait "Vendez-moi ! Mais prenez mon fils, qu'il ne revienne jamais plus ici."

Jamais je n'ai rencontré, sauf d'éternels démagos, le moindre jeune qui n'eût pas envie de prendre ses jambes à son cou *via* le paradis, heu pardon ! la France.

Le bled, c'était une immense plainte, une immense plaie et je n'y trouvais plus de raisons d'espérer, de raisons de sourire – et toute la famille s'étonnait qu'on vienne encore faire illusion dans le chaos. Ils disaient : "Mais restez donc chez vous ! Vous ne voyez pas qu'on crève de la *hogra* ! Prenez-nous ou laissez-nous mourir." Je choisis la seconde.

Toujours en terrasse, on avait beau se chamailler avec Mémède, on portait grave tous les deux sur Voltaire et Rousseau, c'était notre pacte implicite du sang. Nos accents avaient épousé le Sud-Ouest, on s'y sentait millénaires. Nous, reubeus ? Un aveugle se serait écrié : "Qui l'eût cru ?"

Ah ! Voltaire, Rousseau ! Quand on a lu ces mecs, on s'en remet pas. En assassinant Dieu, ils nous avaient fait naître une seconde fois. Ils étaient pour nous les ancêtres des politiques d'intégration. Comment dire ? D'origine algérienne, ils auraient sauvé l'Afrique. Nous, nous cherchions une identité potable, un trip qui aurait fait la part belle aux contradictions qui nous obsédaient. Comment lier islam et libertinage, arabité et judéo-christianisme, romantisme et obsession du sexe, laïcité et tiers-mondisme ? Pas la moindre réponse à l'horizon.

Usé des quêtes sans Graal, moi, j'aimais pousser l'idée qu'on était gaulois pur sucre et point à la ligne. Ça simplifiait tout. Mémède, ça l'irritait. Il cherchait, lui, d'improbables nuances. Il essayait de repousser à plus tard ce qui m'apparaissait comme l'évidence. On puait le terroir.

— On a pas que de la merde comme héritage ! insistait-il.

Je rétorquais :

— Notre héritage, c'est zéro mon pote, il te faudra l'admettre.

Il l'admettait comme j'admettais moi-même mes propres excès verbaux. Mais, trop fragiles, ni lui ni moi ne lâchions prise. Il remettait de plus belle :

— Tu ne vois pas que, sans les Arabes, les sciences, les maths et la philo européennes ne se seraient pas développées comme elles l'ont fait ? Tu sais qu'au Moyen Age les Arabes étaient les pionniers de la recherche médicale ? Tu sais que même les savants grecs se reconnaissent comme les héritiers des savoirs orientaux ? Prends le Coran ! Et bien il stipule que l'encre des savants est plus précieuse que le sang des martyrs.

Je poussais le bouchon :

— On dit aussi que Einstein est d'origine kabyle et que ces mêmes Kabyles ont découvert l'hydrogène et le moteur Diesel. La 405, c'est nous !

Il conclut :

— Ta gueule !

On était de toute façon que des moitiés de certitudes. Des lambeaux d'à peu près. Sur quelque sujet que ce soit, rien ne nous apparaissait limpide, c'était tout flou. J'y cherchais les poux :

— Dis que t'es musulman, pour voir ! Je veux l'entendre.

Pas plus que moi dans l'athéisme il ne pouvait donner quelque réponse objective sans qu'elle eût été fatale à ses convictions libertaires. On savait, lui et moi, les musulmans d'occase qui se repaissaient de la parole de Dieu sans en connaître le sens. Nos pères d'abord qui, sous couvert de cinq prières, se délestaient des coups de poing portés sur le visage des femmes.

On savait les musulmans qui pratiquaient allègrement l'adultère en espérant laver leur âme un mois durant en période de ramadan. En tout cas jamais la destinée ne nous fit croiser un fidèle d'Allah qui nous parût intègre, crédible, rigoureux, donc ouvert. Mémède poursuivait :

— Mais, musulman, on l'est toujours un peu, mon pote, même sans pratiquer !

Il mangeait du porc, ou plutôt uniquement le jambon d'York, c'était une façon à lui de maintenir une ombilicalité spirituelle. Cette méthode de ne manger qu'une part de cochon était fort courue. De même, on pouvait boire les alcools forts mais pas le vin rouge. Ainsi chaque bloc dans le quartier échafaudait un islam maison. Mémède tenta :

— Musulman, c'est aussi une synthèse entre un héritage qu'on se doit d'assumer et la modernité à laquelle on aspire.

J'argumentai ferme :

— Et s'il y avait rien à gratter de ce passé supposé arabe, et si cet héritage dont tu parles n'était qu'une pure mystification, de la pure esbroufe ? Moi, je vais te dire, je regrette qu'on ne puisse plus dire "nos ancêtres les Gaulois".

— Arrête ! T'es débile !

— Non, j'arrête pas, je vais te dire autre chose : depuis qu'on a rendu coupables ces cons de Français, ils ne nous voient plus qu'enturbannés. Va leur dire, maintenant, qu'on est athées, agnostiques, et même un peu cathos ! Pour nous rassurer, c'est à peine s'ils veulent pas qu'on apprenne l'arabe à nouveau et qu'on remplisse des mosquées. Ils auraient l'impression de nous respecter... tu la vois, l'embrouille ?!

— Un demi ! commanda Polo avant de s'asseoir. Il saisit notre tchatche au vol, m'interpella direct :

— Mais t'as besoin d'être français à ce point !

— Mais je le suis !!! J'essaie pas de l'être, c'est ça que tu comprends pas. C'est pas une posture, j'essaie de me rendre à l'évidence : je suis un putain de blaireau bien français ! Rappelle-toi France-Algérie : je criais "Algérie ! Algérie !" je pensais "France".

— Arrête de vouloir être français, c'est agaçant, on dirait le peuple élu. Un Français, c'est con comme tous les peuples qui se prennent pour un peuple. T'es comme un faf à l'envers, ça pue ! Tu le sens pas, ton truc nationaliste étroit ? Moi, j'en ai rien à foutre d'être français ! (Il l'était.) Français, mon pote, c'est aussi Vichy, c'est un siècle de colonisation de la moitié de la planète, rappelle-toi Malik Oussékine et tous les autres morts dans les commissariats ! Moi, je me sens vraiment citoyen du monde.

Je le stoppais, stoïque :

— Si tu pars en Afrique, prends ta carte d'identité quand même.

— Ouais, allez, fais pas ton cynique. Sois fier d'être arabe, un peu, on te demande pas de faire allégeance au roi Fahd.

— Faudrait savoir ! Je dois être arabe ou citoyen du monde ?

— C'est un état d'esprit, mec, échapper aux codes. Etre un peu de chaque et un peu tout.

Je ne voulais pas lâcher l'affaire :

— Mon code à moi, c'est la France et pas plus que l'hexagone. Je m'excuse, je me sens plus proche du bon roi Dagobert que de Saladin.

Je les excédais, Polo savait mes excès, il feignait la stupeur.

— Mais on ne te demande pas de choisir ! T'es un peu musulman, un peu catho, un peu athée, un peu feuj. Voilà ce que t'es au fond. N'essaie pas de choisir.

— Vous m'avez pas compris, je choisis pas, je me demande seulement si au fond je descends pas plus des Carolingiens que des tribus omeyades. Les tribus omeyades ! Les Abbassides, autant me parler des Hobbits et de la Terre du milieu, c'est conte de fées, point barre. Les Carolingiens, les Capétiens, je les sens plus en moi que n'importe quel pharaon, c'est comme ça, j'y peux rien, c'est naturel chez moi. Tiens, le Comminges… je m'y sens plus chez moi qu'en Kabylie, je vous promets… Moi, "nos ancêtres les Gaulois", autant quand on était mômes ça me vexait, autant maintenant ça me manque. Les Français ! Ils osent plus, tu penses. Maintenant qu'ils se sentent bien coupables, ils nous construisent des mosquées.

— Et alors ?

— Et alors tu nous as vus ? La plupart… on est français, athées, païens, agnostiques, pochetrons… rien de bien omeyade ! Moi, j'aimerais des bibliothèques, des bars à vins, des salles de concert !… ne déconnez pas, les gars !

J'étais sincère dans mes propos. C'est vrai. J'adhérais France malgré moi, même pas un choix philosophique. C'était dans ma peau une filiation sanguine que je regardais en face, ou plutôt en diagonale, à la façon Mémède… On gérait tout en diago. Je me foutais des Beurs sans le dire, j'étais trop avec eux dans l'embrouille identitaire, et d'ailleurs je préférais Cantona à Zizou. Au moins, lui avait des couilles et du verbe. Il envoyait des coups de savate, crachait sur les arbitres et jetait le maillot sacré à même le sol. Il était rebelle et défendait l'idée que derrière chaque joueur se cachait un homme. Cet homme ne disparaissait pas au coup d'envoi. En même temps, il parlait peinture et disait "pas touche à mon père, à mon frère, à ma mère". Zizou n'a jamais brandi la carte de séjour de son père. Un seul geste et tous nos pères eussent été consolés… peut-être.

Le soir, Jean-Marie Le Pen était au second tour de l'élection présidentielle.

TABLE

Ecrire	7
Conte des noms d'oiseaux	9
Western africain	19
A cheval	21
Lettres afghanes	23
Le foot à droite	25
Ma ville	31
Allez ouste !	33
La rançon	37
Adieu Toulouse !!!	39
Autobus impérial	43
La honte	55
Vercingétorix	61

OUVRAGE RÉALISÉ
PAR L'ATELIER GRAPHIQUE ACTES SUD
ACHEVÉ D'IMPRIMER
EN AVRIL 2004
PAR L'IMPRIMERIE FLOCH
A MAYENNE
SUR PAPIER DES
PAPETERIES DE LA GORGE DE DOMÈNE
POUR LE COMPTE DES ÉDITIONS
ACTES SUD
LE MÉJAN
PLACE NINA-BERBEROVA
13200 ARLES

DÉPÔT LÉGAL
1ᵣ ÉDITION : MARS 2004
N° impr. : 60062.
(Imprimé en France)